LA RECONQUISTA

Del al-Ándalus a la España católica

Por Romain Parmentier
En colaboración con Thomas Jacquemin
Traducido por Laura Soler Pinson

Historia en50MINUTOS.es

LA RECONQUISTA

- **¿Cuándo?** De 722 a 1492.
- **¿Dónde?** En la península ibérica (España y Portugal).
- **¿Contexto?**
  - La presencia musulmana en la península ibérica.
  - La guerra de reconquista del territorio a manos de soberanos cristianos.
- **¿Protagonistas?**
  - Alfonso VI, rey de León, de Castilla y de Galicia (1040-1109).
  - Fernando III, rey de Castilla y de León (c. 1201-1252).
  - Isabel I, reina de Castilla (1451-1504).
- **¿Repercusiones?**
  - El final de la cohabitación religiosa en España.
  - La apertura de la península a la exploración marítima y a los grandes descubrimientos.

El 6 de enero de 1492, Isabel I de Castilla y su esposo Fernando II (rey de Aragón, de Castilla y de Nápoles, 1452-1516) entran triunfantes en la ciudad de Granada, último bastión musulmán en España. Acaban de terminar la Reconquista, una lucha religiosa de varios siglos que tenía como objetivo liberar a la península ibérica de la dominación musulmana. La consecución de esta conquista ofrece a Europa una España unificada, desde un punto de vista tanto político como religioso, que está a punto de convertirse en una potencia marítima colosal.

Esta tarea se presenta difícil para los reinos cristianos de la península, tras la fulgurante invasión musulmana (711). Estos reinos, desorganizados y atrincherados en zonas apartadas, se enfrentan a la poderosa al-Ándalus (nombre que los árabes atribuyen a los territorios de la península ibérica que se encuentran bajo dominación musulmana). El periodo que se inicia se ve marcado por una cierta coexistencia religiosa entre el islam, el cristianismo y el judaísmo, con todos los intercambios culturales que semejante convivencia puede generar. Sin embargo, la división política de la España musulmana en los albores del siglo XI brinda rápidamente la oportunidad a los reinos cristianos de revertir la situación, reconquistando progresivamente los territorios perdidos.

Durante los cuatro siglos siguientes, cristianos y musulmanes se enfrentan sin descanso para obtener el control de las ciudades de la península. Los reinos cristianos, cada vez más poderosos, logran socavar la resistencia musulmana. Poco a poco, la superficie de al-Ándalus se limita hasta el punto de ceñirse a Granada y a sus alrededores a mediados del siglo XIII, antes de desaparecer definitivamente en 1492. Ese año marca el triunfo de la España cristiana y el punto de partida para su impresionante expansión hacia el Nuevo Mundo.

CONTEXTO

EL FINAL DEL REINO VISIGODO

La península ibérica, que forma parte del Imperio romano, sufre las invasiones bárbaras a finales del siglo IV y en el siglo V, como las otras regiones del Imperio. Los vándalos, los alanos y los suevos son los primeros en devastar este territorio, antes de ser perseguidos por los visigodos, aliados de Honorio, el emperador romano de Occidente (384-423). Los visigodos, que se van instalando progresivamente, establecen su dominación en toda la península a partir del siglo V. El reino visigodo primero se constituye como *foedus* («reino federado») fiel a Roma y declara su independencia cuando cae el Imperio romano de Occidente en 476.

A principios del siglo VII, los visigodos unifican toda la península ibérica e instauran el catolicismo. En ese momento, el reino visigodo de España, que aprovecha el legado jurídico y administrativo de los romanos y lo explota, resulta ser la monarquía más brillante de Europa. Sin embargo, el principio electivo de la realeza constituye su debilidad. En efecto, la Corona no es hereditaria, sino que el sucesor es designado por los obispos y los nobles del país. Por consiguiente, cada cambio de rey es un momento propicio para tensiones entre los distintos clanes de la aristocracia. Este sistema, unido a malas cosechas y a varias epidemias, provoca la ruina del reino a principios del siglo VIII.

LA CONQUISTA MUSULMANA

En 710, la llegada al trono visigodo del rey Rodrigo (muerto en 711) suscita una airada oposición por parte del clan de los herederos del rey anterior, Witiza (muerto en 709 o 710). Este último, determinado a retomar el poder, apela a los musulmanes del norte de África para alcanzar sus objetivos. Estos, que se encuentran en plena expansión territorial desde las revelaciones del profeta Mahoma (570-632) en 612, acaban de terminar en ese mismo momento la conquista del Magreb. A las órdenes de Táriq ibn Ziyad (jefe bereber, muerto c. 720), un contingente de siete mil hombres atraviesa el estrecho de Gibraltar en abril de 711. El rey Rodrigo, al que se informa de esta invasión, se precipita inmediatamente contra el ejército. Pero el nuevo rey es traicionado por sus soldados y muere en los asaltos musulmanes durante la batalla de Guadalete (julio de 711). Aprovechando este golpe de suerte para expandir el Imperio islámico, Táriq ibn Ziyad continúa la conquista de España.

Frente a la impotencia de la aristocracia visigoda, las ciudades de la península van sometiéndose una tras otra. La ciudad de Toledo, capital del reino desde el año 554, cae en octubre de 711. Además, el ejército de Táriq recibe los refuerzos del de Musa ibn Nusair (general árabe, c. 640-718), que toma Sevilla en 712. Juntos, conquistan Zaragoza dos años más tarde y someten el valle del Ebro. En solo unos años, el reino visigodo de España queda reducido a cenizas. Cuando los conquistadores musulmanes cruzan los Pirineos, Carlos Martel (príncipe de los francos, 688-741) los detiene en Poitiers en 732. Empieza entonces un periodo también glorioso en la península ibérica, el periodo de al-Ándalus.

AL-ÁNDALUS O LA ESPAÑA DE LAS TRES RELIGIONES

Con la invasión musulmana, España se convierte en un emirato del califato de Damasco, regido por la dinastía de los Omeyas (661-750) y, más tarde, tras la caída de este, del califato abasí de Bagdad (750-1258).

Las tierras de al-Ándalus generan muchas luchas entre los conquistadores, en especial entre árabes y bereberes. Habrá que esperar hasta 755, con la llegada de Abderramán I (emir de Córdoba, 731-788), último representante de la dinastía de los Omeyas, para que la situación de la península se estabilice. Al proclamarse emir en Córdoba, el joven soberano se esfuerza hasta el día de su muerte en unir la España musulmana y, por consiguiente, se distancia del califa de Bagdad para brindar a su territorio una mayor autonomía. Esta autonomía termina por confirmarse en 929, cuando el emir Abderramán III (c. 890-961) se autoproclama califa, instaurando definitivamente el califato de Córdoba. Al-Ándalus vive en ese momento su época dorada, que durará poco, puesto que, en 1031, el territorio se divide en taifas (reinos independientes), lo que lleva al declive progresivo de la España musulmana.

En al-Ándalus, se ve algo inédito para la época: la sociedad permite que coexistan en su territorio las religiones islámica, cristiana y judaica. Los judíos y los cristianos están presentes en la península desde la época romana, pero no se ven obligados a convertirse al islam tras la conquista musulmana. Así, conservan un cierto número de derechos. Los musulmanes los consideran *dhimmi* (protegidos) por los orígenes comunes de sus religiones. Así, se habla de «Gentes de Libro», puesto que las tres religiones comparten al menos el Antiguo Testamento. Por esa razón, los judíos y los cristianos conservan su libertad de culto, sus bienes y una cierta autonomía jurídica. No obstante, no tienen el mismo estatus que los musulmanes, y deben pagar un impuesto territorial y de capitación (impuesto por cabeza).

Esta tolerancia relativa tiene sus límites. Aunque no se persigue masivamente a judíos y cristianos, no quiere decir que no tengan que someterse al poder musulmán, y las discriminaciones son numerosas. Pero la cohabitación de estas tres religiones también genera intercambios increíbles entre las culturas en ámbitos tan variados como la medicina, la poesía, la astronomía y las ciencias. Los textos griegos, recuperados por los musulmanes, llegan a España, donde son copiados y donde se les suma el saber de las tres culturas. Así, la España musulmana se convierte en un referente cultural, pero también comercial. La herencia arquitectónica de al-Ándalus se encuentra igualmente a la altura de esta época próspera, y así lo atestiguan la impresionante mezquita de Córdoba o la espléndida Alhambra de Granada.

LA SUPERVIVENCIA DE LOS REINOS CRISTIANOS DEL NORTE

Es cierto que la conquista de los musulmanes se produce de manera rápida, pero no completa. En el norte de la península, los invasores dejan de lado muchas zonas consideradas inhóspitas, aisladas o en las que se genera una fuerte resistencia cristiana. La población, probablemente conformada por nobles visigodos, pero también por otras muchas personas que huyen de la autoridad musulmana, se organiza a partir de 722 en una nueva entidad política que toma el nombre de reino de Asturias, y que se reivindica como heredero del reino de los visigodos. Su territorio se extiende desde Galicia hasta el País Vasco, y al sur dispone de una frontera natural formada por la cordillera Cantábrica y por el deshabitado valle del Duero, frontera que lo separa de al-Ándalus. A principios del siglo X, la capital del reino se transfiere a León tras la llegada al trono de Fruela II (875-926), que cambia la designación del territorio a reino de León. Se van ocupando progresivamente las zonas abandonadas del sur del valle del Duero, formando lo que se llamará Castilla.

Por su parte, el extremo oriental de la península se ve presa de los combates entre los musulmanes y el Imperio carolingio de Carlomagno (742 o 747-814). Gracias a sus conquistas, los carolingios forman la Marca Hispánica, auténtica frontera político-militar. Los condados que la conforman sirven como zonas defensivas entre las posesiones carolingias y las tierras enemigas. Con el tiempo, los territorios conquistados terminan por emanciparse para, a su vez, formar reinos como el de Navarra en el siglo IX. En 987, Cataluña también se independiza, seguida en 1035 por el reino de Aragón. En 1029, Navarra se anexiona el condado de Castilla e instaura la monarquía. Con el paso del tiempo, los reinos cristianos se unirán o se separarán, en función de los matrimonios reales y las herencias. Constituirán la fuerza motriz de un deseo

que se materializará varios siglos después: la reconquista
total de la península ibérica.

BIOGRAFÍAS

ALFONSO VI DE LEÓN, DE CASTILLA Y DE GALICIA

Alfonso VI, nacido hacia 1040, es el segundo hijo de Fernando I (rey de Castilla y de León, muerto en 1065). Gracias al poder creciente de su reino, este último consigue imponer el pago de un tributo a los taifas de Badajoz, de Toledo y de Zaragoza a cambio de la paz, por lo que estos territorios se vuelven dependientes de la buena voluntad del rey. Cuando Fernando I muere, sus posesiones se dividen entre sus tres hijos: Castilla irá a parar a manos de Sancho II (1038-1072), León, a Alfonso VI y Galicia, a García II (c. 1040-1090).

Las intenciones de Alfonso VI están a la altura de las de su padre. Cuando muere su hermano mayor en 1072, se apodera de la corona de Castilla. Al año siguiente, se adueña de las posesiones de su hermano pequeño tras encarcelarlo y se convierte en rey de Galicia. Su reino no deja de crecer, sobre todo gracias al reparto de Navarra que efectúa con el reino de Aragón en 1076, con lo que supera la herencia de su padre. Además, sigue cobrando impuestos a los taifas, tal y como hacía su padre.

Los reinos musulmanes, desestabilizados, acaban por enfrentarse entre sí en el último cuarto del siglo XI, lo que facilita en cierta medida la reconquista española. Con la toma de Toledo en 1085, Alfonso VI obtiene su primera gran victoria en la Reconquista. El acontecimiento tiene mucha repercusión y otorga un prestigio sin precedentes a Castilla. Para los musulmanes, se trata de una verdadera humillación.

Imagen de Alfonso VI reconquistando Toledo, el 25 de mayo de 1085. Podemos verla en un banco de la Plaza de España de Sevilla.

El asalto de los almorávides al año siguiente pone un punto final a las conquistas de Alfonso VI. En efecto, en octubre de 1086, el rey se ve obligado a retirarse de la batalla de Sagrajas. A partir de ese momento, a pesar de alguna que otra represalia puntual, se contenta con proteger las conquistas cristianas. Entre ellas, Toledo, donde fallece en 1109.

FERNANDO III, REY DE CASTILLA Y DE LEÓN

Retrato de Fernando III.

Fernando III, nacido hacia 1201, se convierte en rey de Castilla en 1217 y en rey de León en 1230, unificando definitivamente los dos reinos. Se encuentra en la base de una impresionante oleada de reconquistas de ciudades andalusíes, por las que recibirá la canonización en 1671.

Tras la toma de Toledo en 1085, se necesitan dos siglos para derrocar el poder de los almorávides y de los almohades. En 1212, la victoria de Alfonso VIII de Castilla, abuelo de Fernando III, en la batalla de Las Navas de Tolosa, por fin abre el camino hacia el sur de la península. Fernando III, que continúa la reconquista de territorios, se apodera sucesivamente de las ciudades andalusíes. En 1236, la ciudad de Córdoba, que durante siglos fue la sede del poder musulmán, cae en manos del rey. Esta tragedia para los musulmanes es aclamada en toda la España cristiana. Al año siguiente, la gran mezquita se transforma en catedral, con lo que queda reconocido definitivamente el cambio de autoridad.

Gracias al Tratado de Almizra, en 1244 logra limitar la expansión del reino de Aragón, fijando la frontera de los reinos de Valencia y de Murcia. Al término de estos avances significativos, la amenaza musulmana es casi inexistente.

Fernando III fallece en Sevilla en 1252.

ISABEL I, REINA DE CASTILLA

Retrato de Isabel la Católica, en el cuadro la *Virgen de la mosca*, que se encuentra en la sacristía de la Colegiata de Toro, en la provincia de Zamora, España.

Isabel la Católica, nacida el 2 de abril de 1451, es la soberana que acaba definitivamente con la presencia musulmana en la península ibérica con la ayuda de su esposo, Fernando II de Aragón. Asciende al trono de Castilla tras la muerte de su hermano, el rey Enrique IV, en 1474. Sin embargo, la joven reina debe enfrentarse a las pretensiones de su sobrina Juana la Beltraneja (1462-1530), que está casada con el rey de Portugal Alfonso V (1432-1481). El conflicto entre ambos bandos se extiende hasta 1479, año en el que Juana renuncia definitivamente a la Corona. Mientras tanto, Isabel I se contenta con renovar la tregua con el emirato de Granada hasta 1481.

En 1492, con la toma de Granada, último emirato de la península, termina la Reconquista y, por este hecho, recibe la felicitación de todos los monarcas de Europa. El papa Alejandro VI (1431-1503) otorga el título de Reyes Católicos tanto a ella como a su marido, lo que atestigua la importancia del acontecimiento. Ese mismo año, Isabel de Castilla ordena la expulsión de los judíos de España y muestra su apoyo al explorador genovés Cristóbal Colón (1450/1451-1506), que está a punto de embarcarse en expediciones hacia el Nuevo Mundo.

El prestigio de los Reyes Católicos por fin les permite llevar a cabo importantes alianzas maritales, en particular, con los Tudor y los Habsburgo. Así, estas alianzas convierten a Isabel I en la abuela de María Tudor (reina de Inglaterra y de Irlanda, 1516-1558) y de Carlos I (rey de España, de Sicilia, príncipe de los Países Bajos y emperador germánico, 1500-1558).

Fallece el 26 de noviembre de 1504 en Valladolid.

LA RECONQUISTA

EL COMIENZO DE UNA RECUPERACIÓN DE TERRITORIOS

El término «reconquista» solo aparece en la Edad Moderna. Sin embargo, la idea de una reconquista que trata de recuperar la herencia del reino visigodo y de volver a ver la unidad de la península ibérica se remonta a mediados del siglo IX. En la práctica, la resistencia empieza justo después de la conquista musulmana.

Los primeros años de la invasión son difíciles para los cristianos, replegados en el norte de la península. Estos últimos no tienen la más mínima intención de someterse y resisten a los asaltos de los conquistadores. En 722, un noble visigodo llamado Pelayo (fallecido en 737) reúne a los cristianos refugiados y logra frenar en Covadonga a los musulmanes que desean subyugar las regiones montañosas del norte. Esta primera victoria cristiana se considera con frecuencia el punto de partida de la Reconquista. Tras este primer éxito, Pelayo organiza el territorio de los cristianos y se convierte en el primer rey del reino de Asturias.

Sin embargo, esta resistencia no inquieta a los musulmanes, que están bastante más preocupados por su situación al norte de los Pirineos tras su derrota en Poitiers en 732 y su debacle en la contraofensiva franca de Pipino el Breve (rey de los francos, 715-768).

La batalla de Poitiers

Poco sabemos sobre la batalla de Poitiers, aparte de que se inscribe en un conjunto más amplio que reúne otros combates que se producen principalmente en Aquitania entre 721 y 759, año en el que los francos conquistan Narbona, último bastión de los árabes en Galia, tras siete años de asedio. Es muy probable que la batalla de Poitiers fuera menos importante en el plano humano de lo que se presenta en los libros de historia. No obstante, marca el final de las victorias musulmanas en el sur de Galia, a pesar de que todavía después de 732 se producen incursiones.

La batalla de Poitiers.

A partir de 740, el reino de Asturias se aprovecha de los conflictos que generan las luchas de poder en el bando musulmán. Tras varias sequías, estos últimos deciden volver al norte de África, dejando libre el acceso a la cuenca del Duero. El rey de Asturias saca partido de ello y transforma la región en una zona tapón inutilizable, especialmente suprimiendo las murallas de ciertas ciudades, como León y Oporto, desde donde puede iniciar las primeras incursiones contra el territorio de al-Ándalus. El reino de Asturias, protegido por esta zona, puede extenderse de manera progresiva hasta Galicia y el País Vasco.

Por el lado de los Pirineos, las campañas de Pipino el Breve y las de Carlomagno liberan la Septimania (litoral de la Galia meridional). A continuación, los carolingios cruzan los Pirineos y toman Gerona y Barcelona, entre otras, cuyas conquistas en 785 y en 801 permiten la creación de la Marca Hispánica, un conjunto de territorios de donde nacerán más tarde Navarra, Aragón y Cataluña. Frente al peligro que representa la toma de estas ciudades, el emirato de Córdoba intensifica las expediciones contra Asturias, que podría aliarse con el Imperio carolingio, debido a estos ataques reiterados.

Mientras que asturianos y musulmanes libran una lucha encarnizada durante décadas, los asturianos logran a pesar de todo conservar su territorio. Gracias a una población que va en aumento y ayudados por una seguridad cada vez más garantizada, los cristianos ocupan poco a poco las zonas abandonadas. En 856, los cristianos habitan de nuevo el reino de León. Bajo el reinado de Alfonso III el Magno

(838-910), se conquistan nuevas ciudades en el valle del Duero, como Oporto, Toro y Zamora. El rey también obtiene una sonora victoria en 877 sobre los musulmanes que, por primera vez, piden una tregua. En ese momento, el norte de Portugal, León y Castilla se encuentran bajo dominio asturiano y se cruza la cuenca del Duero en 878.

Pero la llegada al trono de Abderramán III en 912 y la transformación del emirato en califato en 929 restauran un poder musulmán consecuente en al-Ándalus, que amenaza de nuevo a los reinos cristianos. A partir de 976, la presión va en aumento con las campañas de Mohamed Ibn Abi Amir (hombre de Estado y jefe militar español, 938-1002), apodado Almanzor («el Victorioso»). Hasta principios del siglo XI se llevan a cabo numerosas expediciones musulmanas en las que, sobre todo, se producen saqueos en muchas ciudades, como en Santiago de Compostela en el 997. Sin embargo, estas victorias del califato no logran acabar con la resistencia cristiana, que espera el momento adecuado para retomar la Reconquista.

LA TOMA DE TOLEDO Y LA REVANCHA DE LOS ALMORÁVIDES

Aunque el fallecimiento de Almanzor en 1002 libera a los cristianos de uno de sus enemigos más temidos, este hecho no acaba con la degradación en la que vive el califato desde hace varios años. Al no lograr imponer su autoridad, estallan revueltas en algunas ciudades, como Córdoba, donde muchos separatistas exigen la creación de reinos independientes dentro del reino de al-Ándalus. Aprovechando la situación, los reinos cristianos participan activamente en la implosión del califato y se alían con clanes musulmanes. Así, recuperan todos los enclaves que habían perdido frente a Almanzor. En 1031, el último califa de la ciudad, Hisham III (975-1036), acaba por ser expulsado de Córdoba. Las consecuencias son inmediatas: el califato se escinde en veinticinco taifas independientes.

Hasta ese momento, los cristianos se conformaban con colonizar zonas poco habitadas del valle del Duero, pero con la división del bando musulmán, surge la posibilidad de lanzar campañas militares para recuperar territorios mucho más relevantes. En 1055, Fernando I de Castilla y León conquista, entre otras, Viseu y Lamego. Ante esta amenaza creciente, los taifas de Badajoz, de Zaragoza y de Toledo deciden comprar su tranquilidad pagando un impuesto al rey de Castilla. Este último acepta sin dudar, puesto que no tiene los recursos humanos necesarios para preparar nuevas conquistas, pero también porque estos tributos van a mejorar la economía castellana a costa de la de los taifas, que se convierten en dependientes. En 1063, Fernando I sigue sus campañas y arrasa la taifa de Sevilla, a la que también impone un tributo, pero fracasa cuando intenta someter a la de Valencia en 1065.

Cuando muere, su hijo Alfonso VI de León toma el relevo y continúa con la política de su padre. A partir de 1075, el sistema tributario acaba por arruinar a los taifas, lo que provoca una revuelta popular. En este punto de la historia, los taifas ya no tienen más opción que aceptar un protectorado. Así ocurre, en concreto, con el reino de Toledo. El soberano

Yahya ibn Ismail al-Qadir (fallecido en 1092), amenazado por los cuatro costados, termina por aceptar el protectorado de Alfonso VI. Esta decisión provoca la rebelión de la ciudad, y Yahya ibn Ismail al-Qadir es expulsado. Para los cristianos, se trata del momento soñado para asestar un gran golpe en esta Reconquista. Con la excusa de ayudar al monarca toledano, Alfonso VI inicia un asedio a la ciudad en 1081 y mantiene alejadas todas las eventuales amenazas de los otros taifas. El 6 de mayo de 1085, Toledo se rinde, seguida por el resto del territorio. La victoria es sonora para la España cristiana que acaba de reconquistar la antigua capital visigoda. Todo el reino se incorpora a Castilla. Así, se libera todo el centro de España. Por su parte, Aragón sigue con su expansión hacia el valle del Ebro, conquistando en especial Monzón (1089) y Huesca (1096).

Con la toma de Toledo, parece que la reconquista de todo el territorio será rápida. Pero los musulmanes de al-Ándalus no tienen la intención de abandonar sus posesiones. A partir de 1079, estos recurren a los almorávides, la nueva dinastía bereber que se impone poco a poco en el norte de África. Estos musulmanes, que vienen del Sáhara mauritano, resultan ser mucho más rigoristas que sus correligionarios andalusíes. Su jefe, Yusuf ibn Tasufin (muerto en 1106), invade al-Ándalus en 1086 y se enfrenta a los cristianos en la batalla de Sagrajas (23 de octubre de 1086), de la que sale triunfante. Entonces, Alfonso VI se ve obligado a batirse en retirada. A pesar de esta victoria, Yusuf ibn Tasufin decide volver a Marruecos, pero tendrá que regresar en varias ocasiones. Los almorávides constatan la impotencia de los taifas y toman posesión de la mayor parte del territorio de al-Ándalus. Solo el reino de Valencia, en manos de Rodrigo Díaz, llamado «el Cid Campeador» (1043-1099) resiste hasta 1102.

UN PERSONAJE DE LEYENDA

El Cid, cuyo verdadero nombre es Rodrigo Díaz de Vivar, sirve al rey Sancho II de Castilla, que en ese momento lucha contra su hermano Alfonso VI de León. La victoria de este último en 1072 supone un auténtico giro en la vida del Cid. Sustituido por los fieles de Alfonso VI, se exilia en 1081 y se pone al servicio del monarca musulmán de Zaragoza, que le otorga el derecho de propiedad de cualquier conquista venidera. En plena invasión almorávide, el Cid inicia el asedio de Valencia en 1092, que termina por rendirse en junio de 1094. A partir de ese momento, se convierte en dueño de la ciudad y logra sofocar todas las rebeliones y frenar todos los intentos de invasión de los almorávides.

Pero su reino no resiste a su fallecimiento. Su único hijo también muere, por lo que la gestión de Valencia recae en su viuda, que conserva la ciudad hasta 1102 con la ayuda de Castilla. No obstante, la presión almorávide termina por resultar demasiado fuerte y se ordena la evacuación. Sin embargo, estos acontecimientos no empañan la figura del Cid, que se convertirá en el tema central de varias obras literarias. La más famosa es la obra de teatro de Corneille (poeta dramático francés, 1606-1684) de 1637.

Durante las décadas siguientes, vuelve a producirse una lucha encarnizada entre los reinos cristianos y la España musulmana. Cada bando realiza numerosas conquistas e impide que se termine la Reconquista hasta el siglo XIII. No obstante, Aragón conoce un importante avance al apoderarse de Zaragoza en 1118, con lo que lleva la frontera hasta el Ebro.

EL DECLIVE DE AL-ÁNDALUS Y LA INTERVEN-CIÓN DE LOS ALMOHADES

A mediados del siglo XII, el imperio almorávide se desmorona. En al-Ándalus, sufren varias derrotas frente a los cristianos, en especial, en Ourique, el 19 de julio de 1139, contra Alfonso Enrique de Portugal (1110-1185), que obtiene el título de rey de Portugal tras esta victoria. Los musulmanes también sufren campañas militares del rey Alfonso VII de Castilla (1105-1157), que empujan a las tropas hasta Córdoba en 1146. Sin embargo, no son capaces de conservar la ciudad. La debacle de los almorávides vuelve a dividir al territorio andalusí, presa de la reconquista cristiana. Pero un nuevo despertar musulmán logra invertir la situación. Tal y como habían hecho los almorávides en el siglo anterior, los almohades conquistan Marruecos y acuden en ayuda de al-Ándalus a partir de 1146.

A pesar de estos nuevos apoyos, reina la confusión en la península, ya que en un primer momento los almohades muestran dificultades para imponerse, y los cristianos sacan partido de esta situación. En 1147, toman Santarém y Lisboa, por lo que controlan la desembocadura del Tajo, y un año más tarde conquistan Tortosa y la desembocadura del Ebro. En 1149, las ciudades de Lérida y de Fraga también caen en sus manos. Estas victorias irritan a los almohades, que efectúan una importante intervención militar en toda la península. A partir de 1154, se hacen con las riendas de Sevilla y, a continuación, mantienen la presión militar sobre los reinos cristianos, condenados a defender la línea del Tajo hasta finales del siglo XII. En 1197, Toledo y Madrid sufren el asedio musulmán, pero los cristianos resisten.

Frente al peligro almohade y bajo el impulso de Alfonso VIII de Castilla, los reyes cristianos deciden apartar sus diferencias para formar un frente común. Castilla, León, Navarra y Aragón, apoyados por el papa Inocencio III (1160-1216), que llama a las cruzadas en España, unen a sus ejércitos y dan la bienvenida a refuerzos venidos desde Francia. Por su parte, un nuevo ejército almohade cruza el estrecho en 1211. La batalla decisiva tiene lugar el 16 de julio de 1212 en Las Navas de Tolosa. Durante esta contienda, la caballería cristiana derrota a las filas musulmanas y desarma por completo al ejército almohade, que se ve condenado a una retirada humillante. Esta victoria marca un giro decisivo en la Reconquista: abre las puertas de Andalucía y, en tan solo unos años, casi toda la península estará liberada. En 1229, los almohades son expulsados definitivamente de España en beneficio de reyezuelos que no resisten durante mucho tiempo el poder de los reinos cristianos. Ese mismo año, Aragón ataca Baleares y conquista Mallorca (1229-1230), Menorca (1231) e Ibiza (1235).

En el mismo momento, Fernando III de Castilla lanza una ofensiva a gran escala en toda Andalucía. Esta expedición lo lleva hasta Córdoba en 1236, ciudad que termina por rendirse el 29 de junio. Así, la antigua capital de los Omeyas cae en manos de Castilla. A partir de ese momento, las reconquistas se suceden rápidamente. En 1238, Aragón toma Valencia. En 1243, Murcia entrega las armas, seguida por Cartagena en 1245, lo que otorga al reino de Fernando III un acceso al Mediterráneo. Al año siguiente, es Jaén quien se rinde y, finalmente, Sevilla en 1248. Portugal también termina su propia reconquista, liberando Faro y todo el Algarve en marzo de 1249.

En esta mitad del siglo XIII, la Reconquista está práctica-
mente acabada y, con ella, cae al-Ándalus. La presencia
musulmana en España se limita ahora a un pequeño
territorio situado alrededor de Granada, regido desde 1232
por la dinastía de los Nazaríes. Estos últimos desean la paz,
por lo que en seguida negocian con Fernando III. Aceptan
reconocer al rey como señor feudal y pagarle un tributo.
Esta sumisión permite que el último bastión musulmán de
España se mantenga durante más de dos siglos.

LA GUERRA DE GRANADA

Una vez que se acaban las conquistas de Fernando III y que
se ha firmado la paz con Granada, la Reconquista conocerá
algunas dificultades. Se toman las ciudades de Algeciras y
de Gibraltar, pero la continuación de la reconquista se verá
comprometida debido a que los reinos cristianos se ven
asolados por la peste negra (siglo XIV) y destrozados por
las continuas guerras civiles. Por consiguiente, a lo largo de
este periodo, lo más frecuente es que los reyes de Castilla se
limiten a renovar la paz con los musulmanes, aun cuando se
producen incursiones por parte de ambos bandos a menudo.

La situación evoluciona en el último cuarto del siglo XV. En
efecto, Castilla, gobernada por Isabel I, pone punto final a
las guerras de sucesión que sacuden al reino y firma la paz
con el rey de Portugal, que respaldaba las pretensiones de
su mujer, Juana la Beltraneja, al trono de Castilla. Además,
Granada, que está sometida al tributo español, entra en
un declive económico. En 1481, fecha en la que termina la
tregua, se reinician las hostilidades cuando los musulmanes

atacan la fortaleza cristiana de Zahara y la conquistan. Esa será la excusa para acabar la Reconquista. La reina, respaldada por su esposo, el rey Fernando II de Aragón, decide eliminar definitivamente la presencia musulmana en la península ibérica. En 1482 se declara oficialmente la guerra de Granada, que se extenderá durante diez años. Pero la contienda que se genera es desigual. Frente a la poderosa Castilla y a Aragón, parece claro que el emirato es incapaz de resistir, sobre todo porque también se ve debilitado por importantes divisiones internas que los Reyes Católicos no dudan en utilizar para su provecho.

Los inicios de la guerra son poco favorables para los cristianos, que están mal organizados. En julio de 1482, Fernando II decide asediar Loja. Dicha ciudad, con una defensa perfecta, pone en jaque al rey, que cede ya a partir del 14 de julio. Habrá que esperar al otoño de 1483 para ver la primera victoria cristiana con la toma de Zahara. Pero parece que a los reyes cristianos les espera un futuro mejor, ya que asisten a la división del bando musulmán. El joven Boabdil (cuyo verdadero nombre es Abu Abdalá, que se convertirá en Mohamed XI, 1459-1532/1533), hijo del emir Abu al-Hasán Alí (fallecido en 1485), se rebela contra su padre. En abril de 1483, intenta conquistar la ciudad cristiana de Lucena, pero cosecha una importante derrota y es encarcelado por los Reyes Católicos. Conscientes de la importancia de su rehén, estos últimos deciden utilizar a Boabdil para su beneficio, y este acepta servirles.

Los años 1485-1487 marcan el inicio de una serie de importantes victorias para los soberanos, que conquistan la parte occidental del emirato. El 22 de mayo de 1485, caen la ciudad de Ronda y su región, la Vega de Granada, seguidas por Marbella y Loja en 1486, y Málaga (puerto principal del emirato) un año más tarde. Por su parte, Boabdil sigue desestabilizando al reino musulmán para tomar las riendas. Cuando su padre fallece en 1485, su tío, Mohamed ibn Sad, llamado El Zagal (*c.* 1444-*c.* 1494) es quien accede al poder en Granada. Boabdil aprovecha un momento de descuido de los españoles en un asalto para huir, pero es capturado de nuevo poco después. Con ayuda de los cristianos, entra en Granada en 1487, donde se convierte en el último emir de al-Ándalus, y promete entregar la ciudad a Isabel de Castilla cuando su tío ya no pueda causar daños. A cambio, recibe un feudo importante.

EN LA CIMA DE LA ALHAMBRA

Durante los siguientes dos años, desaparece el emirato de Granada, salvo su capital. Tras seis meses de asedio, la ciudad de Baza se rinde en diciembre de 1489 y unos días después es el turno de Guadix y de Almería.

En 1490, los cristianos piensan que el final de la guerra está cerca, puesto que Boabdil debe entregar Granada, según el acuerdo al que llegó con Isabel I y Fernando II. Pero la población de la ciudad, que ha aumentado con los refugiados llegados de todo el emirato, se opone con vehemencia. Tras vanas discusiones, los soberanos católicos se ven obligados a asediar la ciudad de Granada. El 9 de junio de 1491, erigen su campamento en Santa Fe. La ciudad resiste hasta el 25 de noviembre de 1491 y solo se rinde a cambio de unas garantías, como la libertad de culto. Se concede esta garantía, y una guarnición española toma posesión de la Alhambra el 2 de enero y marca con tres cañonazos que la ciudad ya es suya.

Pintura *La rendición de Granada*, por Francisco Pradilla y Ortiz. En ella, el sultán Boabdil entrega Granada a los Reyes Católicos.

Se da inicio, entonces, a la ceremonia oficial. Los Reyes Católicos y su ejército, que vienen en procesión desde Santa Fe, dan la vuelta a la ciudad y se dirigen a la Alhambra. Boabdil sale a su encuentro y entrega las llaves de Granada y de la Alhambra a los soberanos. A continuación, se iza la bandera de Castilla en lo alto de la torre más alta de la forta- leza y se grita: «¡Castilla! ¡Granada! ¡Que viva la reina Isabel y el rey Fernando!»[1] (Pérez 1988, 260). Cuatro días después, el 6 de enero, los soberanos entran de manera oficial en la ciudad y ponen fin a la Reconquista.

---

1. Cita traducida por 50Minutos.es

REPERCUSIONES

EL FINAL DE LA TOLERANCIA

La última fase de la Reconquista llevada a cabo por los Reyes Católicos consiste en la instauración de una unidad religiosa. Tras siglos de cohabitación y de intercambios culturales, la tolerancia relativa entre las religiones presentes en la península queda seriamente en entredicho.

Aunque las comunidades judías y musulmanas mantienen el derecho de practicar su culto en los reinos cristianos, lo cierto es que sufren muchas discriminaciones a partir del siglo XIII y, poco a poco, se ven sujetas a leyes cada vez más estrictas (tienen que llevar signos distintivos, deben vivir obligatoriamente en algunos barrios, etc.). Este endurecimiento lleva a muchos judíos a convertirse al cristianismo a finales del siglo XIV. Aun así, la sinceridad de estas conversiones no queda clara a ojos de la Iglesia y de los monarcas. En efecto, los conversos siguen con sus prácticas y reciben una gran influencia de la comunidad judía. El 1 de noviembre de 1478, Isabel de Castilla y Fernando de Aragón, que desean poner fin a esta situación, obtienen el derecho a crear un tribunal especial para combatir las herejías: la Inquisición. A partir de 1480, se nombra a los primeros inquisidores, que se encargan de defender la ortodoxia católica y de luchar contra la herejía, centrándose principalmente en los conversos que han mantenido las costumbres de su antigua religión. El tribunal no amenaza a los judíos y los musulmanes que no se han convertido. Incluso la Corona actúa como garante para su seguridad manteniendo el orden público.

La Inquisición española nace en 1478 a raíz de la bula *Exigit sincerae devotionis*, del papa Sixto IV (1414-1484). Se trata de un tribunal eclesiástico que depende del Estado, lo que lo diferencia de la Inquisición medieval, que actuaba a las órdenes de los episcopados. Su objetivo es luchar contra las herejías, pero también contra la homosexualidad, la bigamia, la brujería, el libertinaje de los curas y contra cualquier acto que se salga del dogma católico, en todas las capas de la sociedad, sin distinción de clase o de rango, hecho único en la época.

Funciona mediante denuncias. Si un caso llama la atención de los teólogos, el sospechoso es arrestado y sometido a un interrogatorio o, incluso, a tortura, para que confiese sus delitos. No obstante, este último tiene derecho a defenderse. Una vez que termina el proceso, se pronuncia una sentencia que condena al acusado, si es culpable, con una pena que va desde la simple excusa hasta la pena de muerte en la hoguera, pasando por el destierro, la flagelación o las galeras, por ejemplo. Aún hoy en día se considera a la Inquisición española como uno de los tribunales más sangrientos del Antiguo Régimen.

En aras de obtener una cohesión social y una unidad del reino a través de la religión, el 31 de marzo de 1492, los Reyes Católicos deciden expulsar a todos los judíos que no se hayan convertido en un plazo de cuatro meses, usando como argumento que sería imposible una integración total de los conversos mientras haya comunidades judías activas en el territorio. Así, en un ambiente de gran exaltación religiosa, los soberanos esperan desanimar a los conversos borrando cualquier rastro de su doctrina en el reino. Los judíos, que abandonan España, no pueden llevarse sus bienes y, por lo tanto, se ven obligados a venderlos, a menudo por cantidades ridículas, para provecho de los católicos. Muchos se van a Portugal, donde serán forzados a convertirse en 1497, a Flandes, al norte de África y al Imperio otomano.

La comunidad musulmana sufre la misma suerte, pero en un lapso de tiempo más largo. En 1491, los Reyes Católicos conceden a los musulmanes del antiguo emirato de Granada la libertad de culto, manteniendo la esperanza de que se conviertan con el tiempo. Pero una revuelta de la comunidad que tiene lugar en la ciudad en 1499 sirve como pretexto para revisar los acuerdos precedentes. En 1502, los musulmanes de Granada se ven obligados a convertirse al catolicismo y, en 1526, esta medida se extiende a todo el reino. Tras estas medidas, España se convierte oficialmente en católica.

Sin embargo, los moriscos (musulmanes de España que se han visto forzados a convertirse al cristianismo) siguen practicando su culto lejos de las miradas ajenas. Esta situación se mantiene durante un siglo, antes de que España se decida a resolver de manera definitiva el problema. El 9 de abril de 1609, el rey Felipe III (1578-1621) ordena su expulsión de España, obligando a miles de personas al exilio. La época de la coexistencia de las religiones queda definitivamente en el pasado en una España que solo desea una cosa: convertirse en un Estado católico como todos los demás en Europa.

HACIA EL NUEVO MUNDO

El final de la Reconquista también marca la apertura de España a la exploración marítima, ámbito en el que tiene un cierto retraso. En 1492, Portugal lleva ya años surcando los mares. Así, en 1418, los portugueses están en Madeira, y en 1427, en las Azores. En 1434, cruzan el cabo Bojador (Sáhara occidental), y en 1445, Cabo Verde, por lo que descubren también la desembocadura del Senegal. Cuando cae la ciudad de Constantinopla en 1453 y el Imperio otomano cierra las rutas comerciales hacia Oriente, esto provoca que el fenómeno adquiera más relevancia todavía. Así, los portugueses conquistan las costas de África hasta cruzar el cabo de Buena Esperanza en 1488, lo que abre un poco más la ruta hacia las Indias, donde atraca en 1498 Vasco de Gama (navegante portugués, 1469-1524).

Tras años de espera, el navegante genovés Cristóbal Colón recibe en las Capitulaciones de Santa Fe la financiación y la autorización para llevar a cabo un proyecto, cuanto menos ambicioso, al amparo de los Reyes Católicos: llegar a las Indias navegando hacia el oeste, cruzando el Atlántico. El 3 de agosto de 1492, zarpa de las costas españolas con tres carabelas y atraviesa el océano. El 12 de octubre, entra en lo que será denominado el Nuevo Mundo, pero jamás será consciente de la increíble verdad que rodea a su descubrimiento. No se encuentra en Japón, en China o en India, sino en un nuevo continente: América. La asimilación de este descubrimiento revolucionará la geografía y los conocimientos del mundo. Sobre todo, abre una ruta marítima hacia el oeste y genera una gran cantidad de riquezas para las arcas españolas. En el siglo XVI, se siguen multiplicando las expediciones. Europa, que siente la necesidad de ampliar sus fronteras, dispone a partir de este momento de todo el espacio necesario para su expansión.

Fruto de una lucha de varios siglos, el final de la Reconquista marca el final de la coexistencia entre las tres culturas presentes en la península ibérica. Sin embargo, abre a este territorio y, *a fortiori*, a Europa entera, a otros horizontes situados más allá de los océanos y de los continentes. Esta unificación, tanto religiosa como política, deja igualmente tras ella un gusto por la aventura, el mesianismo y el combate, que marca profundamente a los exploradores y a los conquistadores. Tras la reconquista, llega el momento de la conquista.

EN RESUMEN

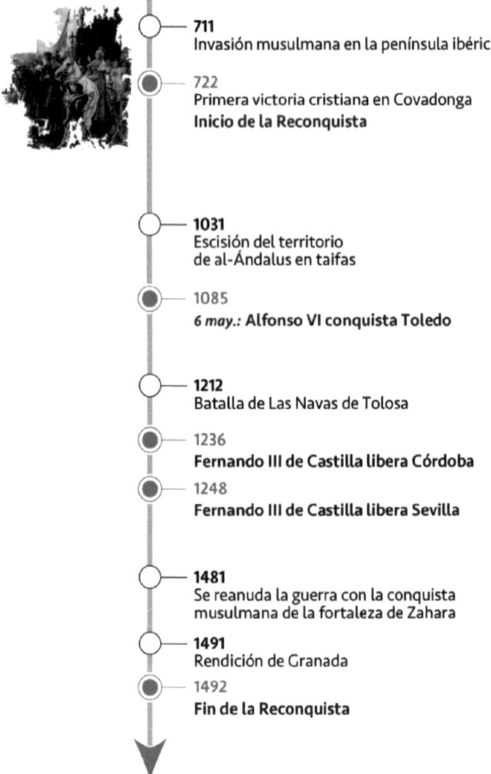

- En abril de 711, un contingente musulmán cruza el estrecho de Gibraltar y penetra en el reino de los visigodos. Tras la derrota de estos últimos, los musulmanes deciden invadir toda la península ibérica y logran pasar los

Pirineos, antes de ser repelidos en Poitiers en 732.

- Sin embargo, la invasión rápida no llega a completarse. Refugiados tras las montañas cantábricas del norte, los cristianos, liderados por Pelayo, resisten e infligen una primera derrota a los musulmanes en 722, en Covadonga. Esta victoria permite la supervivencia de una autoridad cristiana en la península, que se denominará reino de Asturias.

- Los carolingios, que repelen los ataques musulmanes a partir de 732, cruzan los Pirineos y conquistan Barcelona en 801, con lo que se crea una frontera llamada Marca Hispánica. De este territorio surgirán Navarra, Aragón y Cataluña unos años más tarde. A partir del siglo IX, los asturianos empiezan a ocupar de nuevo la cuenca del Duero: son los primeros pasos hacia la reconquista.

- Al-Ándalus, que primero es un emirato y, a partir de 929, es un califato, sufre inestabilidad y divisiones a principios del siglo XI. En 1031, se revoca el califato en beneficio de taifas independientes. Esta situación aventaja a los cristianos, más poderosos militarmente, que imponen a los más débiles un sistema de tributos.

- La situación se degrada, sobre todo en la taifa de Toledo. El rey Alfonso VI aprovecha para asediar la ciudad, que se rinde en 1085. Sin embargo, la efervescencia de esta victoria se ve contrarrestada por la invasión de los almorávides y, más tarde, de los almohades en el siglo XII.

- Frente al peligro almohade, los soberanos cristianos deciden unirse. Bajo el mando de Alfonso VIII de Castilla, lanzan una importante campaña militar que deriva en la victoria de Las Navas de Tolosa en 1212, lo que fragmenta por completo al ejército almohade.

- Una vez que el poder almohade ha sido destruido, los reinos cristianos pueden continuar con la Reconquista. Fernando III de Castilla logra liberar Córdoba (1236) y Sevilla (1248). Poco a poco, toda Andalucía va siendo reconquistada, salvo el reino de Granada, donde se firma la paz a cambio de un tributo.

- El emirato nazarí de Granada se mantiene durante más de dos siglos. Para los cristianos, la amenaza musulmana se aparta momentáneamente. Entonces, el ritmo de la Reconquista decae por las tensiones internas que agitan a España. Así, la paz con Granada se renueva continuamente.

- En 1481, vuelve a estallar la guerra, después de que los musulmanes conquisten la fortaleza de Zahara. Isabel I de Castilla y Fernando II de Aragón deciden eliminar definitivamente la presencia musulmana de la península a partir de 1482. La guerra dura diez años y, poco a poco, el territorio del emirato se va reduciendo.

- Tras un asedio de varios meses, el conflicto acaba con la rendición de Granada, firmada el 25 de noviembre de 1491.

- El 2 de enero de 1492, los españoles toman posesión de la Alhambra y reciben las llaves de la ciudad de manos del último emir, Boabdil. Por lo tanto, pueden hacer su entrada oficial en Granada el 6 de enero para poner punto final a siglos de reconquista.

PARA IR MÁS ALLÁ

FUENTES BIBLIOGRÁFICAS

- Balard, Michel y Denis Mejot. 1996. *Les Espagnes médiévales. 409-1474*. París: Hachette.
- Conrad, Philippe. 1998. *Histoire de la Reconquista*. París: PUF.
- Histoire universelle. 2006. "Entre Orient et Occident. Al-Ándalus". *Histoire universelle: l'expansion musulmane*, tomo 9, 45-520. París: Hachette.
- Grunberg, Pierre. 2013. "Poitiers: invasion ou raid?". *Guerres & Histoire*, n.º 16, 36-41.
- Lormier, Dominique. 2006. *Les grands ordres militaires et religieux*. París: Éditions Trajectoire.
- Pérez, Joseph. 1996. *Histoire de l'Espagne*. París: Fayard.
- Pérez, Joseph. 1988. *Isabelle et Ferdinand, Rois Catholiques d'Espagne*. París: Fayard.
- Rucquoi, Adeline. 1993. *Histoire médiévale de la péninsule Ibérique*. París: Seuil.

FUENTES COMPLEMENTARIAS

- Bennassar, Bartolomé. 1985. Histoire *des Espagnols.* París: Armand Colin.
- Gerbet, Marie-Claude. 2000. *L'Espagne au Moyen Âge. V^e-XVe siècle*. París: Armand Colin.
- Guichard, Pierre. 2000. *Al-Ándalus (711-1492)*. París: Hachette Littératures.
- Lévi-Provençal, Évariste. 1950-1953. *Histoire de l'Espagne musulmane*. París: Maisonneuve.

- Lomax, Derek. 1978. *The Reconquest of Spain*. Londres: Longman.

FUENTES ICONOGRÁFICAS

- Imagen de Alfonso VI reconquistando Toledo, el 25 de mayo de 1085. Podemos verla en un banco de la Plaza de España de Sevilla. La imagen reproducida está libre de derechos.
- Retrato de Fernando III. La imagen reproducida está libre de derechos.
- Retrato de Isabel la Católica, en el cuadro la *Virgen de la mosca*, que se encuentra en la sacristía de la Colegiata de Toro, en la provincia de Zamora, España. La imagen reproducida está libre de derechos.
- La batalla de Poitiers. La imagen reproducida está libre de derechos.
- Pintura *La rendición de Granada*, por Francisco Pradilla y Ortiz. En ella, el sultán Boabdil entrega Granada a los Reyes Católicos. La imagen reproducida está libre de derechos.

DOCUMENTAL

- *Al-Ándalus, l'Espagne au temps des califes*. Dirigido por Rob Gardner. Estados Unidos: 2006.

MUSEOS Y MONUMENTOS CONMEMORATIVOS

- Monumento a Pelayo, en Covadonga, España.

- Monumento al Cid, en Burgos, España.
- Monumento en Las Navas de Tolosa, España.
- Palacio del Alcázar de Sevilla, España.
- La Giralda de Sevilla, España.
- Gran mezquita de Córdoba, España.
- La Aljafería de Zaragoza, España.
- La Alhambra de Granada, España.

en50MINUTOS.es
Historia
Economía y empresa
Coaching
EL DIAGRAMA DE ISHIKAWA
Material Método Máquina
Madre Naturaleza Medida Hombres
LA GUERRA DE PALESTINA DE 1948
DOMINA EL ARTE DEL NETWORKING